LE TOMBEAU DE PIERRE LOUŸS

LE TOMBEAU DE PIERRE LOUŸS

tel que l'édifièrent

A. DE MONZIE. PAUL VALÉRY. CLAUDE FARRÈRE
ANDRÉ LEBEY. FERNAND GREGH
JACQUES-ÉMILE BLANCHE. FRANZ TOUSSAINT
THIERRY SANDRE. ÉMILE HENRIOT
MAURICE MARTIN DU GARD
K. NIZAM EL MOULK
ANDRÉE SIKORSKA.

et tel que le présentèrent

LES ÉDITIONS DU MONDE MODERNE
42, BOULEVARD RASPAIL — PARIS

D'un Filleul de Ronsard...

PAR A. DE MONZIE.

L'AMITIÉ confiante de Fernand Gregh et d'André Lebey, plus encore que ma précaire fonction au gouvernement, me vaut l'honneur de conduire, au nom des lettres françaises, le deuil de Pierre Louys. Je n'ai connu de lui que son œuvre. Quand j'aurais pu lui être présenté j'étais encore trop jeune. Mais, précisément parce que je ne l'ai point approché, je puis dire ce que signifiait pour nous vers 1897 son nom, ce nom adouci en pseudonyme musical, et quelle légende passionnelle, quelle idéologie fervente suscita, au lendemain même de sa tumultueuse publication, la préface d'*Aphrodite*, plus connue, sinon plus célèbre, que celle de Cromwell. Non, en vérité, ce que nous aimâmes en Pierre Louys, ce n'était pas une réincarnation parisienne de ce Méléagre si menu, si gentil, à qui Sainte-Beuve et Paul de Saint-Victor avaient tenté de faire, on ne sait pourquoi, une réclame saisonnière. Nous ne l'avons pas davantage confondu avec le fier Moréas des *Sylves*, non plus qu'avec l'inoubliable Maurras, retour d'Olympie. Tout enivré qu'il fût d'hellénisme et tout paré, tout fleuri de grâces érudites, il n'avait rien d'un païen mystique dans la manière de Louis Ménard, rien d'un fanatique de la vieille Grèce selon le type magnifique de Victor Bérard. Ce fantaisiste était un doctrinaire, non point un moraliste, comme l'a écrit M. Martin-Mamy. Adolescent en révolte contre les disciplines puritaines, jeune bourgeois affichant ses ardeurs de chair avec une ostentation héritée des romantiques, il s'était associé à ce défi que jetaient, presque dans le même temps, à la face de leurs sagesses nationales

Oscar Wilde et Gabriele d'Annunzio. Comme il injuriait bien, avec quelle verve d'invective, saint Paul, ce petit homme néfaste qui n'avait jamais entendu le Christ, et Luther, ce moine de Thuringe, exalté par les *Epîtres,* qui assura le règne de la laideur sous le couvert de la vertu ! D'autres se sont insurgés, mais nul aussi violemment, aussi sincèrement, avec une aussi riche éloquence, contre les impératifs moraux de Kant, contre cette hypocrisie de civilisation qui se fonde sur une prétendue raison théorique ! « L'Amour est chose cérébrale », avait proclamé ce grand solennel de Michelet. Pierre Louys prit le parti de Stendhal contre Michelet et celui de Renan contre Lemaître. A cause de quoi il nous parut qu'il servait non pas seulement la cause du plaisir, mais encore celle de la simple et libre vérité. Il y eut des émeutes au quartier Latin qui se peuvent à distance interpréter comme des manifestations en faveur de cette renaissance dont l'auteur d'*Aphrodite* nous offrait l'annonce enchantée.

Trente ans ont passé sur cet épisode et sur la prompte gloire de Pierre Louys. Et je me demande si cet épicurien n'avait pas plus de stoïcisme, c'est-à-dire plus d'authentique noblesse que ses détracteurs et censeurs, tous respectables, respectés et parvenus aux sommets des hiérarchies contemporaines. D'abord Pierre Louys meurt sans avoir administré sa carrière, ni capitalisé les profits de sa renommée. A 21 ans, il avait fondé et dirigé une revue dont les collaborateurs principaux étaient José-Maria de Hérédia, Stéphane Mallarmé, Henri de Régnier et Maurice Maeterlinck. Le premier numéro de la *Conque* publiait un poème de Paul Valéry, un sonnet de Léon Blum et une pièce en vers d'Henry Bérenger dont le titre, *Un Soir au Luxembourg*, ne laisse pas que d'avoir un joli son mélancolique pour le rapporteur général des finances au Sénat. Dans une nation de cadres, Pierre Louys avait ce privilège d'être bien encadré, d'être soutenu par une équipe. Il eut cette autre bonne fortune d'être distingué, recommandé, lancé par François Coppée, caution bourgeoise et si brave homme, si éperdu de bienfaisance littéraire, qui eût suffi à frayer les voies de l'Académie au cadet sensuel de Jean Richepin. Cependant que la presse devenait de plus en plus indispensable à l'établissement d'un poète dans le monde, Pierre Louys bénéficiait de la publicité du *Journal* pour répandre les maximes du roi Pausole parmi le ravissement d'une vaste clientèle. Les premiers propos de M. Bergeret n'atteignaient pas un égal tirage. *Les Aventures du roi Pausole* créaient un genre et renouvelaient une tradition, dans la suite des contes de Voltaire et des comédies de Musset. Double motif de succès pourvu que le succès fût recherché et exploité. Or, c'est là que Pierre Louys révèle soudain sa qualité d'âme, sa discrète gentilhommerie. L'homme de pourpre va s'envelopper d'ombre. Aux joies d'orgueil et de luxe, il va définitivement préférer ses lectures, ses voyages et cette silencieuse solitude où, petit à petit, ses yeux se fermeront comme pour ne plus participer au spectacle d'un univers que sa curiosité aurait déserté. Cette fin consciente et préméditée est du même style très pur que chacun de ses écrits. Il ne s'était point converti, n'ayant jamais désavoué de sa foi native que les principes parasitaires. Sans doute, il eût fait sienne la confession de Renée Vivien :

Le baiser fut le seul blasphème de ma bouche.

Encore bien qu'il n'ait jamais prétendu à aucune propagande sociale, il avait dédié à la jeune mère ces adorables lignes qui justifieraient les plus tendres pardons, s'il en était besoin : « Ne crois pas, Myroméris, que d'avoir été mère, tu sois moindre en beauté. Voici que ton corps, sous la robe, a noyé ses formes grêles dans une voluptueuse mollesse. » Il a honoré la beauté d'une dévotion sans bassesse, honoré la langue française d'un culte sans défaillance. Son caractère ajoutait à son art, selon cette théorie de Taine qui n'est point inactuelle. Il fut le dernier et le plus charmant adversaire de Tartuffe. Je salue sa dépouille du même hommage dont j'eusse salué un filleul de Ronsard.

ÉVENTAIL.

En ce miroir d'eaux et d'argent
Sous l'éclat d'un rêve lunaire
~~Au gré du doux vent nocturne erre~~
~~L'ombre des roseaux s'allongeant~~

~~Le peintre des fleurs de roseaux~~
~~N'a pas dit l'automne odorante~~
~~N'a pas dit~~
~~Le vent de la nuit sur les eaux~~
~~Ni le parfum~~
~~Ni l'odeur de l'onde fleurie~~

Le peintre des fleurs de roseaux
Eut ~~la~~ l'impuissance ou l'incurie
D'oublier le vent sur les eaux
Et l'odeur de l'onde fleurie

~~Mais~~ vous qui prendrez l'éventail

Que voulez-vous que je dise...

PAR PAUL VALERY

UE voulez-vous que je dise sur Pierre Louys ? Ne pensez pas que j'aie le cœur de peindre un portrait maintenant Faire un éloge, une étude, organiser ma mémoire surprise et toute bouleversée, discerner ce qui intéresse le public de ce qui m'accable, m'est-ce possible quand je suis dans cette confusion et dans cette peine ? Puis-je livrer ici le monologue absurde, le psaume insensé qui se prononce en nous de soi-même sur un mort qui vient de mourir ;

mort si proche, si connu de moi, si volontaire, si sensible encore, pensant et parlant encore, mais dans un monde affreusement achevé ?...

Hier, sous le choc de quelques mots, il m'a semblé qu'un énorme fragment d'existence tombât de moi, laissant à nu je ne sais quelle grande plaie vive et irritée, où mille souvenirs, brusquement découverts et comme affolés par la lumière soudaine de la mort, paraissaient, s'inquiétaient dans un désordre indicible, comme pour réparer la perte subie par mon âme et reprendre désespérément le passé. A la place de l'événement inconcevable, s'agitaient tous ces souvenirs qui ne voulaient pas de cette mort.

C'est que l'amitié de Pierre Louys fut une circonstance capitale de ma vie. Un hasard d'entre les hasards me le fit connaître, et cette vie fut toute changée. Que de fois nous avons parlé de notre rencontre ! Sa conséquence fut pour moi d'être presque aussitôt contraint à écrire. Mon nouvel ami exigeait que je me fisse un devoir, et comme une pratique vertueuse, de ce plaisir que j'avais pris quelquefois sans le pousser jusqu'à la peine. La plupart de mes premiers vers ne furent faits que pour être échangés contre les siens, ou bien pour nourrir la petite revue qu'il avait fondée et qui ne s'alimentait que de poèmes. C'est lui qui soumettait à Heredia, à Henri de Régnier ces essais que je tentais loin de Paris. Et c'est lui qui m'a présenté quelque soir à Stéphane Mallarmé.

Il était, en ce temps-là, le plus timide, le plus impérieux, le plus délicat et le plus entêté des jeunes hommes, d'une séduction et d'une élégance que je n'ai vues qu'à lui. Il se montrait d'abord plein de réserve, et même d'un mystère quasi diplomatique, exquis dans ses manières, infiniment attentif à toutes les formes et aux nuances, balbutiant d'une voix très basse et très douce les paroles gracieuses qui nous gardent et qui ne mènent à rien les indiscrets. Mais la confiance créée, paraissait le véritable Pierre. Ses grands dons, ses curiosités si nombreuses, sa culture vaste, surprenante et toujours entretenue, ses enthousiasmes parfois montés jusqu'à la violence, ses caprices foudroyants et irrésistibles, les surprises charmantes qu'il savait faire, et tous les traits d'un caractère absolu dans l'amitié, dans l'admiration, dans leurs contraires, dominé par cet attachement invariable, inconditionnel, véritablement mystique qu'il ressentait pour la perfection de notre art, se manifestaient si vivement qu'il nous semblait auprès de lui être toujours à quelque degré moins jeunes, moins ardents, moins volontaires, moins variables ; et nous nous sentions à la merci de cette flamme.

Tyran délicieux, soi-même esclave de ce qu'il trouvait de plus beau dans les œuvres et dans les choses, il imposait merveilleusement ses dieux et ses idoles.

Lequel d'entre ceux qui furent ses amis ne lui doit point beaucoup ?

Le plus illustre, Claude Debussy, trouva dans Pierre Louys un appui, des conseils, même un enseignement ou des clartés essentielles sur les lettres, et en somme le plus précieux soutien de sa carrière, sous toutes les formes, dans tous les moments et dans toutes les difficultés, jusqu'à la gloire.

Je pourrais citer d'autres noms, appeler des vivants et des morts... Qu'il suffise de dire que son influence toute personnelle, sa puissance d'excitation, la résonance de ses volontés et de sa vie intellectuelle ont été grandes. Il avait le génie de reconnaître les siens.

Ne parlons pas maintenant du grand artiste qu'il fut, ni de ses ouvrages. L'émotion ni la hâte ne conviennent pour considérer nettement, avec la précision qu'il eût aimée, un travail si subtil, si savant, si anxieusement mené jusqu'à l'extrême de la grâce, sans égard au temps, aux soins, au nombre des expériences et des reprises. Quand on a mis tant d'énergie et de désir, tant de patience et tant de réflexions dans la préparation de son œuvre, on peut exiger après soi d'être longuement et studieusement regardé. L'heure viendra de ce regard pieux.

Aujourd'hui, et devant la tombe de mon ami, je me sens un devoir. Puisqu'il s'agit à présent de sa mémoire, et que le destin de son nom et de sa figure désormais repose sur nous qui l'avons bien connu, je crois qu'il m'incombe de déclarer une pensée qui le tourmentait depuis des années, et qui lui revenait assez souvent dans sa solitude. Pierre Louys, quoique glorieux, se sentait méconnu. A cause de cette partie de son œuvre qui attirait tant de lecteurs trop sensibles aux images de l'amour, il se disait que l'on se méprenait sur sa nature spirituelle et sur le principe de ses pensées. Ce qu'il y a de vénusté et de volupté dans les pages qu'il a écrites, tous ces corps charmants dont elles représentent si délicatement les plus tendres attitudes, les plus douces beautés, les actions gracieuses ou éperdues, ont séduit aisément à Bilitis et à Aphrodite un peuple d'adorateurs.

Mais ce peuple ne voyait que ce qu'il voyait. La plupart ne lisaient dans ces beaux livres que des apologies de la chair et de ses plaisirs. Ni les peines que demande un langage si admirable, ni les connaissances que supposent ces peintures, ni l'amertume et la désespérance qui s'y mêlent, n'éclairaient à leurs yeux le vrai visage de l'auteur. Ils se faisaient de lui l'idée, d'un simple amateur de délices, quoique assez bel et assez pur écrivain. Cette erreur leur était commune avec une sorte bien différente de personnes. Je veux parler de celles que leur humeur froide ou chagrine et que leur dégoût des choses charnelles animaient si violemment contre les œuvres de Louys.

Pierre souffrait d'être réduit au personnage que les uns et les autres imaginaient si naïvement. Il se plaignait qu'on le méconnût et qu'on ignorât les passions véritables de son âme qui étaient celles d'un artiste. Je suis un témoin de ses plaintes, et assez bien placé pour assurer qu'elles étaient fondées. *Artiste*, il y a trente ans, signifiait pour nous un être séparé, consacré, à la fois victime et lévite, un être choisi par ses dons, et de qui les mérites et les fautes n'étaient point ceux des autres hommes. Il était le serviteur et l'apôtre d'une divinité dont la notion se dégageait peu à peu. Dès l'aurore de notre vie pensante, nous nous trouvions dans les ruines des croyances définies ; et quant aux connaissances positives, l'abus métaphysique que l'on venait d'en faire, la déception causée par cet usage paradoxal et imaginaire des acquisitions vérifiables nous mettaient en garde contre elles. Mais notre dieu inconnu et incontestable était celui qui se manifeste par les œuvres de l'homme en tant qu'elles sont belles et gratuites. C'est un dieu qui ne fait que des miracles ; le reste lui importe fort peu. Tous les artifices de l'art lui sont agréables. Il inspire comme tous les dieux l'esprit de renoncement et de sacrifice, et la foi que l'on met en lui donne un sens universel et précis à l'orgueil pur et naïf dont ne peut se passer la production des chefs-d'œuvre. Le martyr et l'élu de ce dieu, *l'artiste,* place nécessairement toute vertu dans la contemplation et le culte des choses belles, toute sainteté dans leur création. Voilà ce que ne pouvaient soupçonner le plus grand nombre des lecteurs de Pierre Louys ; encore moins ses adversaires.

Mais lui, entré dans la solitude et dans les ténèbres, se reprenait parfois à sa jeunesse qui fut vouée au dieu dont j'ai parlé. Il invoquait contre un renom qui lui semblait injuste et indigne, les magnifiques lettres qu'il m'avait écrites jadis. Elles étaient pleines d'une exaltation toute religieuse ; tous les grands hommes de la poésie et de la musique y étaient célébrés, invoqués comme les noms de bienheureux, les plus enviables des êtres. L'une de ces lettres particulièrement belle, me contait un séjour qu'il avait fait à la Grande Chartreuse, une semaine de retraite, mais retraite à sa guise, retraite avec des pensées et des volontés d'artiste, avec des vœux et une introspection de poète...

Je crois qu'il n'a pas eu de plus intime ni de plus puissant désir, pendant ses années de silence et d'isolement, que de faire connaître quelque jour son véritable cœur. Il voulait confesser la foi de son adolescence, se montrer l'homme de cette foi ; et il concevait un livre sur lui-même et sur l'époque ardente de sa vie, dont le titre eût été celui-ci : *A dix-neuf ans.*

Je ne sais pas si quelque ligne en fut écrite.

Il est mort...

PAR CLAUDE FARRÈRE

L est mort...

Dire comment et pourquoi le plus admirable des purs artistes de notre temps ; — le seul, peut-être, après Loti, qu'on puisse nommer, sans craindre le démenti de la postérité, de ce grand nom *d'homme de génie*, si rarement ratifié par les siècles qui suivent, — non ! ne me demandez pas cela ! Il est mort... Et j'ai du chagrin, beaucoup, beaucoup de chagrin. Parce que... vous ne savez sans doute pas, et d'ailleurs cela n'a jamais eu d'importance que pour moi-même : mais il ne fut pas seulement mon ami le plus cher et le plus tendre ; il fut encore et davantage mon conseil et mon maître, l'homme qui m'a fait ; l'homme à qui je dois tout, l'homme à qui je n'ai jamais même ambitionné de rien rendre la dixième part de tout ce qu'il m'a donné... Au fait, cela, — ce qu'il m'a donné, ce que je lui dois, — il me semble que je puis, aujourd'hui, essayer de le dire... Il me semble même que c'est une dette sacrée que je dois acquitter envers lui ; — la seule que jamais j'acquitterai, à coup sûr... Tant qu'il a vécu, ma reconnaissance, publiée, aurait froissé sa délicatesse, si ombrageuse et si fière... Mais il n'est plus, là pour s'offenser d'aucune vérité. Et je dormirais mal, si, avant qu'il eût pris possession de son dernier lit, je n'avais pas proclamé ma reconnaissance, et dit tout haut ce dont, tant d'années durant, il m'avait si noblement interdit de souffler mot.

Alors...

Alors, le commencement, ce fut un soir de novembre, l'an 1901. J'étais alors un tout petit officier de marine, sans sou ni maille... (Beaucoup d'officiers sont ainsi, quoi qu'en pensent les promoteurs de l'impôt sur les salaires des travailleurs de l'intelligence ; et le moindre compagnon zingueur gagnait dès ce temps-là plus qu'un enseigne de vaisseau !) Le *Journal*, le *Journal* de Paris, qui se targuait d'être très littéraire, et qui avait pour directeur artistique José-Maria de Hérédia, venait d'imaginer un concours de contes, dont les lauréats devaient être non seulement imprimés, mais payés, en bons deniers ; et ces deniers étaient alors des deniers-or. J'écrivais, moi, depuis longtemps. Mais pour moi seul : car, après diverses tentatives, vaines, j'avais sans retour renoncé à toute espérance de jamais lire mon nom sur la couverture d'un roman. Pourquoi l'idée me vint-elle de tenter une suprême fois ma chance ? Dieu le sait. J'écrivis un conte, ni meilleur ni pire que beaucoup d'autres que j'avais écrits avant celui-là... Et j'envoyai ce conte au concours du *Journal*... Après quoi des mois passèrent.

Finalement, un matin, ouvrant le *Journal*, je demeurai bouche bée : mon conte était couronné ! La chose, à quiconque a connu la cuisine des concours, de ces concours dits littéraires, paraîtra sans doute énorme. Toutefois, je me hâte de le préciser, je n'avais obtenu qu'un quatrième prix. Je n'en fus pas moins assez fier, et très ravi, surtout quand je sus que le nombre des concurrents avait dépassé six mille. Je m'étais bien entendu ingénié à bien cacher mon véritable nom, voire mon adresse. J'eus même, il m'en souvient, quelque peine à toucher le montant du prix remporté. J'y parvins à la longue. Et j'allais ne plus penser à cet heureux accident, quand, moins d'une semaine plus tard, une lettre m'arriva, qui avait fort couru avant de me joindre.

Cette lettre, qui jamais n'a cessé, depuis, d'être suspendue, encadrée, au-dessus de ma table à écrire, la voici :

« *Monsieur,*

» *Vous avez envoyé au concours du* Journal *une nouvelle qui est absolument remarquable et que je préfère à toutes ses concurrentes. Voulez-vous me permettre de vous demander si vous avez déjà écrit, ou publié, d'autres pages ? Il me semble que j'aurai désormais un plaisir très rare et très nouveau à lire tout ce qui paraîtra sous votre signature.*

» *Agréez, Monsieur, l'expression de ma sincère admiration.*

PIERRE LOUYS.

Quand je lus ce nom-là, j'eus, tout de bon, un éblouissement.

Vous ne pouvez pas comprendre, vous qui me lisez aujourd'hui, — après un quart de siècle, — dont quatre années de guerre ! — Mais tâchez de vous reporter à cet an 1901 : — *Aphrodite* n'était alors vieille que de cinq saisons ! Et, coup sur coup, *La Femme et le Pantin,* puis *Le Roi Pausole* avaient suivi *Aphrodite.* En tout, trois splendeurs littéraires dont la miraculeuse perfection nous laissait étonnés et presque craintifs, ma génération et moi. Pierre Louys, à peine sorti de son adolescence et déjà installé dans sa gloire, dans cette gloire que personne n'osa jamais discuter, représentait à tous nos yeux *l'homme de génie,* dans toute l'immense acception du terme. Une approbation de cet homme-là, c'était mille fois plus que tous les prix, que tous les succès, que tout l'or et que toute la célébrité du monde !... Et voilà que cette approbation m'était venue, — et dans quels termes !...

Indiscutablement, ma carrière littéraire s'est décidée en cette minute. Et si, plus tard, j'ai osé publier quelques livres, malgré le peu de confiance que j'avais en eux, c'est que Pierre Louys m'y encouragea ; c'est qu'il fit davantage : c'est qu'il m'insuffla la foi qu'il avait, lui, si grand, dans le très petit que j'étais ; c'est qu'il me prédit, avec son autorité souveraine, le succès que je « devais » avoir, — le succès que j'eus, en effet, que je l'aie ou non mérité. Bref, Pierre Louys, je le dis ici parce que c'est la vérité, est responsable de tout ce que j'ai jamais écrit, de tout ce que j'écrirai jamais. On a souvent accouplé mon nom avec le nom de Loti, — sans doute parce que Loti et moi avons été marins, camarades, amis, et parce que tous deux nous avons aimé la Turquie, comme l'aiment d'ailleurs tous les marins, et tous les voyageurs, tous ceux qui y sont allés... et parce que j'ai eu naturellement beaucoup de chagrin quand il est mort... Mais je ne dois rien à Loti, tandis que je dois tout à Pierre Louys...

Ecoutez, vous allez comprendre : Je vous ai lu la première lettre qu'il m'avait écrite. Il me reste à vous raconter la première visite que je lui fis...

Une seconde lettre avait suivi la première... une seconde lettre trop précieuse et trop sacrée pour que j'ose la publier aujourd'hui, si peu de jours après qu'on ait rescellé le caveau familial sur ce cercueil que j'ai refermé moi-même, après avoir, moi le dernier, baisé le front glacé de mon cher grand mort... une seconde lettre... et puis d'autres, beaucoup d'autres... tout un trésor que je conserve, et qui n'est qu'à moi. Finalement, j'obtins une permission de huit jours, — j'étais alors embarqué comme officier-élève à bord de la *Couronne,* vaisseau-école de canonnage, en la compagnie de mon vieux et bon camarade l'amiral Dumesnil, aujourd'hui commandant en chef... — et je vins de Toulon à Paris. Pierre Louys m'avait invité à le voir dès mon arrivée. Au débarqué, un nouveau billet m'attendait, me priant à déjeuner, 147, boulevard Malesherbes... Je me hâtai d'être, à l'heure indiquée, où l'on me conviait...

... Toutes mes premières années durant, j'ai

tenu une manière de journal ; et je l'ai tenu fort scrupuleusement. Je viens de me reporter à ce journal, et de relire ce que j'y écrivis le soir de ma première visite à Pierre Louys. Or, tout tient en neuf mots ; — pas un de moins : pas un de plus. Et voici ces neuf mots : « *Entré à deux heures ; sorti à sept heures. Inoubliable.* » Par le fait, depuis près de vingt-quatre ans, je n'ai rien oublié...

A quoi bon raconter ? J'ai déjà dit que toute ma carrière littéraire est sortie de cette première visite, si longue, il est vrai, mais qui pourtant se sembla si courte. Pour ne préciser qu'un détail : en ce temps-là, j'avais déjà écrit un roman ; et ce roman, qui me paraissait à moi déplorable, je l'avais soumis à Pierre Louys, sur son ordre exprès. Au cours de cette première visite que je lui rendais, Pierre Louys me restituait le manuscrit qu'il avait lu. Et, comme je lui demandais son verdict : « Mon Dieu, me dit-il, je n'aime pas à donner des conseils aux gens... D'autant que votre roman est un roman très honorable, et que je puis vous promettre de vous le faire éditer, tel quel, dès qu'il vous plaira. Mais, si vous voulez mon sentiment entier, eh bien ! vous avez appris à écrire en écrivant, et à faire un roman au fur et à mesure que vous faisiez ce roman-ci... Alors, si j'étais à votre place, savez-vous la pensée qui me viendrait ? *Sous prétexte de me recopier*, j'ambitionnerais de recommencer mon livre, du premier chapitre au dernier... Après quoi, je crois pouvoir vous promettre que ce livre ainsi récrit connaîtrait un succès assez proche de la gloire... Entendons-nous : je ne vous affirme pas que vos *Civilisés* (c'était d'eux qu'il s'agissait) atteindront d'emblée, après cette refonte, leur cinquantième millième... Mais je vous affirme que, huit jours après leur publication, personne n'ignorera votre nom dans le royaume des Lettres... » Je fis naturellement ce qu'il voulait ; et mon roman ne parut que quatre bonnes années plus tard. Mais, quinze jours après qu'il eût paru, il obtenait le prix Goncourt... ce prix dont alors moi, marin errant, j'ignorais l'existence... ce prix que je dois à Pierre Louys comme le reste, comme tout...

Il est mort. Laissez-moi le pleurer. Car je ne vous ai rien dit, n'est-ce pas ? de son cœur...

Le Captif Immortel

PAR ANDRÉ LEBEY

IEN de plus émouvant pour un jeune littérateur que de devenir l'ami d'un homme qu'il considère déjà comme un maître et dont ne le séparent même pas dix années. Les Dieux me dispensèrent cette joie, encore au collège, en me faisant connaître Pierre Louys. Si Jean de Tinan me fut l'initiateur de l'amitié, Pierre Louys me fut celui de la littérature, car tout ce qu'on est appelé à aimer, comme à servir, comporte une initiation réelle, mystérieuse et indéfinis-

sable, où l'exemple entre pour une bonne part, qui est celle de l'affranchissement, peut-être. J'osais tout pour rompre avec ce qui me semblait, désormais, devoir être haï, mais je ne savais pas comment oser. Il me l'apprit. Il me retira de toutes les contingences devant lesquelles résistait quelquefois encore le point d'interrogation de plusieurs scrupules. Il me valut, par son affection attentive et sûre, cette confiance en la vocation totale qui mène à publier son premier livre, événement énorme, du moins de mon temps, quand je me rappelle. Plus tard, il me sauva de bien des sottises. Seul je puis savoir tout ce qu'il y a d'affection éclairée, indulgente et virile, dans la dédicace de *La Femme et le Pantin.*

Il habitait alors un rez-de-chaussée étroit, de deux pièces parallèles, ouaté d'étoffes orientales, plaqué de livres et de gravures, rue Rembrandt. Dès la porte fermée, la ville et la vie moderne disparaissaient ; on passait le seuil de quelque mille et unième nuit. Tout apparaissait nouveau pour moi, du petit bureau blanc de Maple où deux lynx bleus de Deck veillaient l'encrier de Delaherche, hérissé de gros porte-plumes, à un lavabo japonais fabuleux, à la cheminée de bois aux deux colonnes où la vitrine centrale, en demi-cercle, laissait voir une Astarté verte, modelée par Judith Gautier. L'odeur du tabac blond épaississait l'atmosphère en la parfumant, et il y avait toujours, à portée de la main, d'innombrables boîtes de cigarettes et de cigares près des divans, de même que, sur le bureau, de nombreuses bouteilles d'encres recherchées, de plusieurs couleurs. Le bec Auer, dans une tulipe épaisse, entretenait une clarté opaline à laquelle ajoutait le silence, rarement troublé par un fiacre dans cette rue muette, comme provinciale, qui finissait, courte, au Parc Monceau. Pierre Louys m'y révéla le poète des *Illuminations*, dont il me lut le *Bateau Ivre*, sanglé dans une de ces redingotes au large col qu'il portait assez souvent. Pâle sous ses cheveux assez longs, mais très soigneusement coupés, la moustache relevée, une mouche sous la lèvre, d'un visage quelque peu Louis Treize, quoique très moderne, le front large bosselé d'une sorte de triangle dont la pointe finissait au nez, nerveux et fier, il lisait les vers sonores, la cigarette jetée, en frappant par moments ses doigts les uns contre les autres, d'un geste qui lui était familier, la voix pleine de feu. Quand je le quittai, avec la peur d'être resté trop longtemps, — il m'avait confié un jour, que les amis ne savent pas, quelquefois, s'en aller, — je me sentais un autre. Mon pas léger volait sur l'asphalte. La pente de l'avenue de Messine me portait comme celle d'une voie triomphale. Je remontais vite m'enfermer dans ma chambre, puis je tirais, d'un tiroir fermé à clef, mon trésor — mes manuscrits. — Il songeait à cet appartement quand il écrivit un de ses contes les plus célèbres — quand verrons-nous réunis les autres, sous le titre : *l'Heptaméron d'Amaryllis ?* — *Une Volupté nouvelle*. Ce fut là, en deux nuits, je crois, qu'il fit naître *Léda*, peu de temps après, dans la plaquette de l'*Art indépendant*, devenue si rare. La nymphe y éclot le long d'une prose extraordinaire, fluide et pourtant parfaite, où passe la vie secrète de la Nature. Personne, jusqu'à présent, n'a su manier le style comme ici pour le faire atteindre aux dernières limites de l'évocation. Personne non plus, d'ailleurs, n'a renouvelé autant la pénétration, si l'on peut dire, du sentiment de l'antiquité grecque et alexandrine. Les *Chansons de Bilitis* et *Aphrodite* le prouvent. C'est qu'il joint l'érudition la plus étendue, la plus minutieuse, au sens poétique le plus naturel, en même temps que le plus averti. Ce sonnet, que je crois inédit, le prouvera mieux que moi :

GIBIER DIVIN

PLUTARQUE. SYLLA, 55.

Un soir deux éclaireurs envoyés par Sulla
Dans le val le plus noir des monts Acrocéraunes,
Débusquèrent de l'herbe, entre deux buissons d'aulnes,
Un satyre affolé qui s'était blotti là.

Il voulut fuir, grimper, bondir : on l'accula.
En guerre chez les Dieux, Rome traquait les faunes.
On traîna celui-ci devant les aigles jaunes,
Et le vieux conquérant, lui-même, lui parla.

Il demanda son nom, sa nocturne origine,
S'il était bien de ceux que le pâtre imagine
Sous les flots verts des bois ?... Le captif immortel

Répondit. Mais sa voix, que nul ne put comprendre,
Faisait gémir l'airain suspendu sur l'autel,
Et son grand corps plein d'ombre était couleur de [*cendre.*

Qui ne se souvient de la suite de sonnets, aussi, publiée dans *Vers et Prose* et qui commence :

Les arbres des forêts sont des femmes très belles
Qui, le jour, portent l'aigle et, la nuit, le hibou.

Le bureau blanc, la toilette japonaise et la cheminée démontable émigrèrent derrière l'Opéra-Comique, rue Grétry. Dans l'appartement, de trois pièces, un peu plus grand, les réceptions hebdomadaires réunirent tout ce qui comptait à Paris. Toute la jeune littérature y vint, d'André Fontainas à Léon Blum en passant par Vielé-Griffin, Gustave Kahn, Henri Albert, les Natanson, Seaussine et Bonnières. Je revois à l'harmonium, placé devant la fenêtre, Claude Debussy, jouant *la Damoiselle élue*, puis, une autre fois, — Lerolle était là, — le début de *Pelléas*. Pierre Louys était pour lui d'un dévouement incomparable. Henri de Régnier, Paul Valéry, Jean de Tinan et moi-même ne manquions pas un seul de ces mercredis. Hérédia, dont l'hôte venait de recopier sur un japon splendide *Les Trophées*, pas encore parus chez Lemerre, y pas-

21 janvier 22

Ah ! qu'il est *beau*, ton article, André ! Je n'en ai pas eu, dans le passé, qui m'ait ému davantage. Tu ne pouvais rien dire qui fût plus digne de nous.

Quiconque a un coeur comprendra

d'abord qui tu
qu'il me faise,
toi, n'en doute
malgré toi qu'il
Tu n'y parles
loin et tu t'écartes
Le lecteur nous ver
main Tous tes mo
Je suis au li
jours On m'a opé
la semaine dernière
être pas pour long
Viens m'embrasser
revoir. Je t'aime a

Quelque bonheur
'en fait plus à
un instant. C'est
s' grandit ensemble
toi-même que de
tu me dis tout...
la main dans la
rejaillissent vers toi
depuis soixante-dix
on m'a cru perdu
je vais mieux. Peut
ps.
j'ai besoin de te
trente ans de ma vie

Pierre

sait aussi quelquefois. Il y racontait des anecdotes étonnantes sur sa jeunesse aux Antilles. C'est lui, quand il fut reçu de l'Académie, qui disait en endossant l'habit à palmes vertes que le poète des *Poèmes barbares* lui avait prêté : « Ce Monsieur de Lisle était, ma foi, fort bien fait ! » Pierre Quillard et A. Ferdinand Hérold s'écartaient quelquefois pour causer gravement politique, ce qui nous mécontentait fort, moi tout le premier, qui, après un militantisme poussé jusqu'à l'anarchie, m'étais promis de ne même plus lire un journal. Pourtant, un après-midi où nous ne savions que faire au quartier latin, Pierre Louys et moi avions été chez la successerice de Desbarolles, boulevard Saint-Michel. Chacun avait écrit ce que la sorcière aux cheveux noirs disait à l'autre en lui regardant les paumes à la loupe et, en même temps qu'elle avait annoncé à l'écrivain le grand succès du livre qu'il était en train d'écrire, *Aphrodite*, alors nommé *l'Esclavage*, elle m'avait prédit des certitudes politiques. Que sont devenues ces feuilles sybillines ? Rue Vineuse, chez son frère, Georges Louis, notre ambassadeur à Petrograd, qu'on appelait alors Saint-Pétersbourg, avant M. Paléologue, il avait classé des questionnaires soumis à des camarades : Qui voudriez-vous être ? Quel est votre auteur préféré ? Comment souhaitez-vous vivre ? etc. Où sont-ils ? -- Les réceptions de la rue Grétry étaient délicieuses, uniques. Je n'en ai jamais retrouvé de pareilles. Le barman du Calisaya y vint quelquefois préparer des coktails rares, — curieux comme certains visiteurs qui y apparaissaient tout à coup, d'Oscar Wilde au fils du prince Poniatowski-Stan, le vieux tireur aux pigeons, — qui parlait déjà d'éclairer le tunnel des Batignolles au moyen d'une entreprise de publicité dont il annonçait merveille. Alors dans la puissance de sa fortune et la gloire de son étrangeté, Wilde se singularisait volontairement. A la terrasse du Café de la Paix, il demandait un grand verre et une bouteille d'eau de Vichy pour y rafraîchir gravement le tournesol — la fleur alchimique et solaire — qu'il tenait comme un petit Saint-Sacrement de la Nature à la main.

Ce centre exquis fut quitté, lui aussi. Entre Judith Gautier, rue Washington, et Hérédia, rue Balzac, Pierre Louys trouva le moyen de caser tous ses meubles dans un appartement minuscule de la rue Chateaubriand. Lui seul pouvait réussir de pareils tours de force. La bibliothèque s'avançait, si fournie, à plusieurs rangs, tellement étoffée qu'elle mangeait en quelque sorte l'espace déjà mince de la pièce tapissée de partout, du haut en bas, à l'exclusion de la fenêtre et du bureau. Puis ce fut le boulevard Malesherbes, avec un atelier, au coin de Monge, et enfin le petit hôtel de la rue de Boulainvilliers, où il se recueille, sans publier, — pourquoi ? — les nombreux manuscrits que je sais, de *Psyché*, pourtant presque terminé, à tant de contes, comme *La Clochette*, et tant de poèmes ; sans parler d'un *Journal* où je me souviens d'une étonnante retraite à la Grande-Chartreuse et d'un passage sur Clemenceau à la première de *Thermidor*. Là, un après-midi, je fis connaissance de Claude Farrère, dont Pierre Louys avait dit à Hérédia, alors son beau-père, de retenir le conte, le *Faïtsi-loung*, il me semble bien, au concours du *Journal*. Ce fut le début de sa renommée. — Une bibliothèque incomparable, patiemment et savamment choisie, dévorait tous les murs de toutes les pièces de la maison... Hélas ! le malheur a passé sur la demeure bénie où le grand écrivain, frappé comme Lafcadio Hearn, put mesurer les injustices du sort contre ses meilleurs enfants. Il est loin, épuisé sans doute, le temps avantageux des Goncourt où il était possible de ne songer qu'au seul souci d'écrire. Tant pis pour les hommes de lettres et tant pis pour la France ! Les gouvernements se devraient, en effet, d'y réfléchir, à travers leurs légèretés et leurs négligences, leurs décorations aussi.

Evidemment, la guerre a tout changé. Avant elle, déjà, bien des choses se révélaient démolies ou sapées. Une vulgarité atroce, dénuée de pudeur, de tenue et de réflexion, commençait de nous envahir, et nous avons atteint un ignoble maximum sur ce terrain déplorable. Sans doute, il est mauvais, la plupart du temps injuste, de découvrir dans les ans de sa jeunesse un avantage, une supériorité même, sur ceux où on ne la possède plus, bien qu'à son point de vue strict cela soit excusable. Mais c'est en dépassant, je le certifie, ce côté personnel que je crois bien de signaler le sérieux profond de la culture littéraire dont je dois à ce bon maître d'avoir connu le rare bienfait, — sans que j'en puisse rencontrer l'équivalent de nos jours. Croire passionnément à l'art d'écrire, pour lui-même, c'est une vertu ; tout excès dans ce sens vaut mieux que d'en faire une entreprise, même, ou surtout, dissimulée. Une certaine finesse, une certaine qualité aussi, se sont envolées, je ne sais où. Lorsque je compare, je me demande avec quelque angoisse si nous avons su conserver la volonté, en quelque sorte instinctive, de maîtrise, ou, simplement, de recherche intellectuelle, qui nous possédait alors. Il y avait un horizon spirituel supérieur, qu'il nous paraissait impossible de ne pas maintenir en tout, au-dessus de tout. On sait les lignes martelées de Vigny sur l'Honneur, tout court ; il y aurait à dire l'honneur littéraire. C'était quelque chose, aussi bien par rapport à soi-même que vis-à-vis du culte dont on s'était constitué l'officiant. Nul ne fut plus précis que Pierre Louys dans ce service difficile ! Son autel est un des meilleurs de la patrie. On ne se doute pas assez, peut-être, de ce que les diacres véritables du calame consument d'eux-mêmes, jour et nuit, pour maintenir intacte, au-dessus de toute atteinte, la flamme immortelle.

Cette lucidité constante, qui savait évaluer,

juger et créer en dehors des combinaisons et des intérêts, Pierre Louys y sacrifia tout. Je ne l'ai jamais entendue aussi nette que dans sa parole. Je ne l'ai jamais vue vivre aussi limpide et calme, modeste et douce, que dans le regard clair et bleu, aujourd'hui voilé, de mon ami.

Solitude... Fierté...

FERNAND GREGH

IERRE Louys était célèbre depuis si longtemps que son nom, pour le public, rejoignait presque, dans le passé et dans la gloire, les grands noms des générations précédentes, la génération des Barrès, même celle des Bourget, même celle des Loti ou des France. Et pourtant il n'était âgé que de cinquante-quatre ans. Mais comme il avait cessé de publier depuis bientôt vingt années, on le croyait en général beaucoup plus vieux qu'il n'était ; car on situait, instinctivement, et normalement, dans le milieu de son existence la période de sa grande production, alors que celle-ci avait coïncidé avec sa toute première jeunesse : il avait publié, en effet, les *Chansons de Bilitis* à vingt-quatre ans, *Aphrodite* à vingt-six, la *Femme et le Pantin* à vingt-huit, *le Roi Pausole* enfin à trente et un ans. Cette précocité offre quelque chose de merveilleux et, dans l'espèce, de tragique : on ne peut pas s'empêcher de penser, devant cette éblouissante et trop brève destinée littéraire, à celle d'Alfred de Musset. Comme Alfred de Musset, Pierre Louys aura terminé sa vie de poète à l'âge où d'autres la commencent. Et son histoire aura été plus courte encore que celle de Musset. Son œuvre, en effet, tient presque tout entière en dix ans, depuis les poèmes d'*Astarté* (1891) jusqu'au roman du *Roi Pausole,* son dernier grand ouvrage (1901). Sans doute il avait fait paraître depuis lors *Sanguines* en 1903 et *Archipel* en 1906 ; mais ce sont là des recueils d'articles donnés au *Journal* et de nouvelles déjà publiées, dont quelques-unes, d'ailleurs, admirables.

Dix ans, puis le silence pendant vingt ans, puis la mort. Mais il n'est pas indispensable d'aborder la postérité avec un lourd bagage Certes, l'abondance n'est pas à dédaigner quand elle s'accompagne d'excellence. Mais la qualité l'emporte décidément pour le grand juge sur la quantité. L'œuvre de Pierre Louys le prouverait une fois de plus, si c'était nécessaire. Elle durera autant que la langue française, parce qu'elle est marquée du signe de la perfection. Louys aura été l'un des artistes qui, à la suite d'Anatole France, on peut dire à ses côtés, auront, en prose ou en vers, fait reculer la barbarie dans les lettres françaises. Si même le destin l'avait voulu, si Louys ne s'était pas lentement suicidé par des habitudes de vie et une hygiène déplorables, il aurait pu être notre Anatole France, l'Anatole France des générations d'après la grande guerre ; artiste suprême et intelligence exquise, génie à la fois créateur et critique, comme le maître de la villa Saïd, avec même ce détail dans la resemblance : un reflet de la Grèce sur un talent français. Il eût pu vieillir dans un murmure grandissant de gloire, admiré de la foule, aimé des jeunes gens, estimé des plus sévères confrères, bref indiscuté jusqu'au jour de sa mort.

Et d'ailleurs, sur son lit funèbre, avec ses hauts cheveux drus rejetés en arrière et découvrant son vaste front étrangement marqué au milieu d'un Y fatidique, avec sa barbe carrée épaisse et rousse, il donnait l'impression d'un maître encore jeune, plein de puissances retenues, comme enchaînées, d'un être inaccompli.

Comme il était loin, le voluptueux d'autrefois, le jeune homme charmant et caressant dont, par exemple, Bataille, à côté du portrait dessiné, avait fait le portrait écrit, dans ces *Têtes et Pensées* si aiguës, — encore que rédigées dans cette forme un peu trop balbutiante de la *Chambre Blanche* qui fut à la mode vers 1895 :

Je l'ai fait de passage à Paris, en visite...
Je l'ai bien regardé de profil. C'est très joli.
Toutes les lignes du visage se replient
Voluptueusement vers le corps; le menton quitte
A peine la cravate, à regret, — comme on sort du lit.
On dirait le prolongement d'une paupière (?)
Ou d'un sourire, — et qu'on pourrait extraire
De cet arbre précieux une gomme
Agréable et parfumée... Il partait le lendemain pour [l'Egypte.
Il y a un secret très doux dans cet homme.
Je l'ai fait de passage à Paris, en visite...

Quel changement, de cet éphèbe délicieux et presque trop suave, jusqu'au mort à visage de prophète qu'éclairaient les cierges ! C'est que la vie avait passé sur lui, l'avait sculpté de son cruel ciseau. A la suite d'excès absurdes de toutes sortes, il était tombé malade, depuis bientôt dix ans. Il avait apporté à se détruire un romantisme dont, chose curieuse, sa littérature était presque totalement dénuée. Le romantisme ! L'auteur de ces lignes hâtives ne croyait pas si bien dire quand il écrivait, vers 1904, à propos de Verlaine : « Ce romantisme, à lui légué comme à nous tous par la génération prodigieuse de 1830, et qu'il nous faut « sortir » bon gré mal gré, dans notre vie ou dans notre œuvre... ». Un Pierre Louys en a donné sous nos yeux la triste preuve. Pour Louys comme pour Musset, à vingt ans, « un souper était, selon une phrase de France, une aventure délicieuse et fatale d'où l'on sort pâle à jamais. » Depuis lors, il avait transposé ce romanesque, dans la vie quotidienne de sa maturité, en une habitude de veiller tard, ou plutôt de ne pas se coucher du tout, deux nuits sur trois, pour laquelle, le mot de noctambulisme ne convenant point à cette passion immobile, il faudrait créer un mot, la *noctuphilie*. Il demeurait chez soi, laissant passer les heures noires, à boire et à fumer, en causant, en lisant, en rêvant, avec un plaisir où il y avait à la fois du vice et de l'innocence. Cette innocence se paie cher. Le cadavre que j'ai vu, au visage et aux mains admirables, que Farrère, Lebey et moi avons fait mouler, mais si maigre, réduit à si peu de chose, est une leçon terrible. On ne vit pas contre la nature. Pour continuer à produire, passé l'élan de la première jeunesse, pour écrire même des œuvres tumultueuses, il faut être, ou devenir, un sage.

Balzac disait : Je meurs de dix mille tasses de café. Louys eût pu dire : Je meurs de sept cent mille cigarettes (60 par jour, l'aveu est de sa main, depuis 35 ans).

Il meurt d'avoir trop aimé à voir se lever l'aube pâle dans ses croisées jamais ouvertes, de s'être dit avec trop de délectation, vers les quatre heures du matin, qu'il était seul à lire ou à jouer de l'harmonium dans le sommeil de tout un peuple. Cette ivresse lui a coûté jeune encore la vie, cette vie qu'il aimait en dépit de tout, bien qu'il eût écrit dans des notes : « S'il m'arrivait un bonheur, c'est-à-dire si je mourais... », cette vie qu'il regrettait, même souffrant, même diminué : car la veille de sa mort, à un bon symptôme, hélas ! trompeur, constaté dans son état, il murmura: « Ah ! c'est que je veux vivre », et en écoutant l'*Aria* de Bach et un menuet de Mozart, qu'un humble phonographe remonté par des mains amies lui fit entendre, il se souleva de ses bras décharnés sur l'oreiller et longuement il pleura...

Ce qu'il a pu, du moins, dans ces nuits insensées, feuilleter de livres et y apprendre de choses, est inimaginable. C'était l'homme le plus cultivé que j'aie connu dans une vie littéraire déjà longue. Il savait tout. Il possédait une bibliothèque immense, qui est d'ailleurs célèbre, avec maintes curiosités et maintes raretés, des pièces uniques dignes de la Nationale ou du British Museum, et tous les dictionnaires, tous les atlas : il avait tout lu ou tout parcouru. Il savait toujours où trouver tout. Il était lui-même un dictionnaire, le plus précis et le mieux disant. Il traduisait le grec autant qu'homme de France — et mieux que France. Il s'était mis à apprendre l'hébreu. Il avait composé de la musique. Il connaissait les marines du monde autant que M. de Balaincourt aux ouvrages si passionnants de qui il m'avait initié, quand il y avait d'autres flottes que celles de l'Angleterre, de l'Amérique et du Japon.

Même malade, son lit était comme un champ de bataille où se heurtaient tous les journaux du jour, toutes les revues de la semaine ou de la quinzaine, cependant qu'en piles presque aussi hautes que le visiteur s'entassaient par toute la pièce, au-dessus d'une solide fondation de vieux livres, les livres nouveaux accumulés, qui dessinaient des sortes de chemins qu'il fallait suivre en crochets pour arriver jusqu'à lui, devisant ou lisant — hélas ! à la loupe — entre une boîte de cigarettes et une bouteille de porto.

Sa loupe et son crayon bleu, il les a promenés de préférence, dans ses dernières années, sur Corneille, sur Molière — on sait sa thèse étrange sur Molière, issue d'une lecture trop prolongée de Corneille, mais il aura peut-être découvert que Corneille a collaboré à

Amphitryon comme à *Psyché* — et surtout sur son cher Victor Hugo. Louys connaissait Hugo par cœur ; il y avait fait, il y faisait encore les plus étonnantes découvertes. Lui le délicat, l'alexandrin exquis à ses débuts — plus fort d'ailleurs, même alors, qu'on ne le croyait (les *Chansons de Bilitis,* que je viens de relire, ont de l'énergie et de la foudre latentes sous leurs guirlandes voluptueuses) — il adorait la grande poésie virile de Hugo. Ce faune charmant n'était pas un ingrat ; il connaissait que, comme celui de Mallarmé, il descendait en droite ligne du *Satyre.* Il extrayait de Hugo ce qui restera à jamais classique. Un soir où, encore bien portant, il était venu dîner chez son voisin, ouvrant, pour contrôler une citation, cette Edition nationale de Hugo que m'avait envoyée Paul Meurice, que continue heureusement Gustave Simon, et qui enchantait Louys à cause des variantes, il nous avait lu un morceau inouï, presque inconnu du public aujourd'hui encore, et qui devrait être fameux, le morceau sur le Cirque de Gavarnie, cette épopée de la goutte d'eau qu'on trouve dans ce livre extraordinaire, *Dieu* ; il nous l'avait lu avec une force dans la voix, quelque chose de péremptoire et de jupitérien dans le geste où l'on sentait qu'il égalait, par l'admiration et l'amour, l'âme titanique qui l'avait créé.

D'autres fois, c'est à l'harmonium ou au piano, dont il jouait suffisamment pour donner l'idée d'un thème, qu'il s'enivrait du gigantesque Wagner : je le revois dans son petit appartement de la rue Favart, ouvrant les bleus lointains mystiques de *Parsifal* à mes vingt ans.

Ou bien je l'entends, plus récemment, me parler avec ferveur de Debussy, alors déjà malade et qui allait mourir.

Dans la solitude et la maladie, Louys s'était profondément transformé sans qu'on le sût : bien qu'il eût cessé de produire, il avait créé quelque chose, ou, ce qui est plus rare, quelqu'un : il avait développé en lui, de l'être délicieux qu'il avait été jadis, un être nouveau d'une originalité, d'une singularité même, et parfois d'une grandeur insoupçonnées. Il ne vivait plus guère que pour comprendre : ses notes innombrables, dont il m'a été donné de feuilleter une liasse entre vingt, avec émotion et éblouissement, font vivre devant nous une pensée littéraire passionnée, et plus que sa *Psyché* peut-être, elles seront, je ne crains pas de le dire, une révélation.

L'œuvre de lui dont il était le plus fier, *Poétique,* nous a donné sur ce nouveau Pierre Louys, avec le poème au titre grec *Isthi* qu'il avait publié chez Crès en 1916, une brusque échappée : il y prend un ton nouveau, un peu hermétique, solennel, et comme violent, celui d'un Hugo qui aurait lu Nerval, celui d'un Mallarmé qui aurait lu la Bible.

Choisis ce que tu hais comme ce qui t'embrasse.
N'étreins pas d'ennemis sans beauté. Reste fier.
Le Titan peut toucher du pied Dzeus qu'il terrasse.
Adore entre tes doigts le souvenir d'hier.

Puis quand l'œuvre des jours surgit de leur silence,
Exalte alors le monstre obscur que tu poursuis;
Fais rugir de ton vers le lion sur ta lance.
Le premier qui fut Dieu savait dire : « Je suis ».

Et dans la *Poétique :*

« Le Verbe seul est illustre.

» Pas d'orgueil sur vos têtes. Chassez même la gloire de votre maison. Silence autour de vous. Solitude. Fierté.

» Mais la fierté ! Jurez qu'elle vous tient ferme ! Jurez qu'elle est incorruptible, qu'elle vous arme à jamais contre la misère, l'amour et la mort. »

Ce son magnifique, *antique,* il y avait longtemps qu'on ne l'avait entendu dans notre poésie. Il résonnait encore au-dessus de son cadavre muet ; c'était comme une tenue d'orgue dans le silence où gisait, avec ses cheveux drus et sa grande barbe, ce mort farouche.

Cette fierté — qui l'a soutenu dans la longue agonie de ses cinq dernières années — il la méritait. Il n'a vécu que pour la beauté : la beauté l'a payé de son amour, elle le fera vivre après sa mort. Il demeurera comme un des grands artistes de la prose française au commencement du vingtième siècle : cela, c'est indubitable, et il ne viendrait à l'idée de personne de le nier.

Mais il demeurera aussi comme un vrai et pur poète, dont la publication de son œuvre révélera la richesse et la perfection. Enfin, il apparaîtra, dans ses cahiers posthumes, dans ses lettres innombrables à son frère Georges Louis, où il lui contait, jour par jour, ses lectures, comme un essayiste littéraire à peu près indevinable jusqu'ici, sauf en certaines analyses extrêmement subtiles, malheureusement faussées par une thèse erronée, qu'il avait faites de Corneille et de Molière, — un essayiste plein de science, abondant en rapprochements, sensible à toute intention des auteurs, possédant une oreille incroyablement fine, animé d'une sorte de génie de l'admiration, pratiquant la critique du créateur qui joue *stringendo*, l'archet à la corde, qui cite toujours, car rien ne remplace la citation, qui respire les mots comme des fleurs, qui goûte les épithètes comme des fruits, et qui — c'est surtout à lui que convient l'expression — qui aime les phrases comme des femmes.

SUR VICTOR HUGO

A propos de latin :

Victor Hugo, revenu à Paris en 1870 écrit en vers, à peu près : « J'ai Hauteville House et j'avais rêvé d'être enterré là, sur le roc, devant la mer ; mais depuis que Paris est en guerre, c'est ~~[illegible]~~ ici que je veux mon tombeau ».

Et, — après coup, probablement — il trouve pour titre ce vers, qu'il a l'air d'avoir inventé, tellement il est scandé comme un vers de

Lyrnessi domus alta ; solo Laurenti sepulcrum.

Est-ce beau ! Est-ce grave ! Est-ce écrit ! — Il a découvert cela dans le XIIe chant de l'Énéide. Tout son petit poème se trouve, comme une prophétie, dans cet hexamètre. « Domus alta » traduit « Hauteville House » ; et « Laurenti » est Paris assiégé.

[Ce poème de V. H. ne se lit que dans le tome final de ses Œuvres posthumes : « Dernière Gerbe ».]

Au-dessus de son temps...

PAR JACQUES-EMILE BLANCHE

N a peine à se convaincre que son nom soit déjà moins souvent prononcé pour la qualité de ses propres ouvrages, que connu grâce à l'opéra d'un médiocre musicien ; car ses vers resteront les plus parfaits de l'Ecole qui suivit le Parnasse, et qui s'y rattache.

Il sortait à peine de l'Ecole Alsacienne, quand on me le désigna, certain jour, les mains chargées de lettres qu'il portait à la poste de Passy — il habitait la rue Franklin.

Nu-tête, en pantoufles, veston, il avait néanmoins l'air d'un troubadour. Comme son nom, arrangé par lui, comme son écriture archaïque soignée avec tant d'art, il voulait être d'un autre temps. Et c'étaient là des restes de romantisme.

Je crois qu'André Gide l'amena chez moi ; dès lors, nous nous sommes vus presque tous les jours ; il se passionnait pour la peinture, pour la musique ; il rangeait ma bibliothèque, nous sortions ensemble, nous ne nous quittions plus. Quel être délicieux !

Prodigue, ingénieux à satisfaire les désirs de ses amis, il leur faisait de délicates surprises ; on ne savait d'où venaient certains présents que l'on trouvait en rentrant chez soi, qu'il déposait sans laisser son nom ; un livre rare, des fleurs, une cravate (les hommes en portaient de somptueuses, alors), des gants ou un parfum nouveau. Mais il connaissait peu de monde, vivait encore comme un étudiant.

Il se prit à « sortir », mettant à cette nouvelle passion la fièvre qu'allumait en lui toute activité. Ses yeux pâles endormis, sa timidité et sa réserve parfois interloquaient les convives de mon père, quand il déjeunait chez nous le dimanche. Silencieux, ou bégayant, il fallait que les personnes chez lesquelles on le rencontrait se donnassent quelque peine pour lui ; mais quelle récompense, la glace une fois rompue ! La nuit, il semblait se réveiller ; et alors sa verve ne tarissait plus, ses yeux scintillaient, se recoloraient pour se flétrir, au matin, après un court somme insuffisamment réparateur.

Présentant une figure de jeune « Lion », toujours en chapeau haute-forme, déguisé en *Beau* du temps de la jeunesse dorée de Lord Seymour, les Parisiens du Boulevard le virent ensuite se répandre partout ; sa première phase de bohémianisme et de réclusion était close.

Je m'occupais avec Ed. Dujardin et Wyzewa de la *Revue Indépendante* et de la *Revue wagnérienne.* On ne parlait que de revues d'art. Pierre Louys eut la sienne : *la Conque,* ou Valéry fit paraître son poème, *La Fileuse,* et Swinburne des poèmes en français, en anglais et en grec. La prose de Louys nous semblait solide comme l'airain, ses écrits devoir se multiplier à l'infini, tant ses idées étaient nombreuses, son cerveau fertile en inventions et en projets. La manie des bibliothèques le guettait ; il y avait du chartiste en lui, plus encore que du bibliophile. Mais, atteint d'une manière d'éréthisme de la sensualité sous toutes ses formes, nous l'aurons vu, dès la vingtième année, abusant de ses forces par le plaisir et le travail, se consumer avec une frénésie qu'aucun conseil ne parvenait à calmer. Il était libre, orphelin ; son frère aîné le diplomate, souvent absent, ne pouvait le surveiller. Georges Louis s'en remit parfois à moi et aux miens, ce qui ne laissait pas de créer quelque embarras avec Pierre, violent, jaloux de son indépendance, susceptible et pointilleux presque autant que Marcel Proust, mais beaucoup moins prêt que Proust à vous excuser et à se noircir soi-même. Il disparaissait, il nous fallait attendre qu'il revînt. Ombrageux, mystificateur, affectueux, ironique, cassant il avait des retours d'autant mieux avenus qu'on se perdait en conjectures pour savoir en quoi on l'avait blessé — car il ne s'expliquait pas.

D'une pâleur de cire, son beau visage s'encadrait de cheveux blonds ondulés ; sa grosse tête, au front lourd, aux yeux de myope, semblait entraîner en avant un torse voûté que secouaient des quintes de toux ; il était asthmatique, comme Proust, dont la fin d'existence nous rappelle ce qu'était devenue trop tôt celle de Louys : même régime de cénobite en contact avec tout l'univers, dans une chambre sans air et éclairée par la lampe en plein jour.

Gide et Louys, tous deux élèves de l'Ecole Alsacienne, étaient alors liés d'une de ces amitiés d'enfance qui se défont peu à peu quand les caractères s'affirment ; ce paradoxal attelage, formé par le goût de la perfection technique, par une connaissance égale de la grande littérature et de la musique, cherchait à se désunir. Au fond, deux ennemis nés. Les brimades de collège que Louys, jeune Don Juan de vingt ans, infligeait à Gide qu'il voulait « dégourdir », si elles prêtaient à rire aux autres, devinrent un calvaire pour le jeune huguenot qui, frémissant de scrupules, cédait à la curiosité de la vie, puis s'en retirait aussitôt, comme saisi de remords.

Louys allait, en collectionneur capricieux, furetant, dénichant d'introuvables textes, déchiffrant des signatures de tableaux, proposant des explications déconcertantes de problèmes sur lesquels d'autres hommes avaient pâli... Il eût été aussi bien musicographe qu'entomologiste, que biologiste. Il porta quelque temps une loupe dans sa poche comme un vieux numismate. Il se tenait au courant de tout, s'amusait du joujou à la mode de la bimbeloterie parisienne, vous parlait avec une compétence égale des fouilles dans les cités antiques, d'histoire, de politique. Pierre lisait des manuscrits chiffrés, en paléontographe ; croyait percer des mystères de la littérature et de l'histoire dont il donnait de bizarres clefs. Les crimes, les faits divers, il les scrutait, les analysait en technicien : un juge d'instruction et un psychologue. Entre temps il combinait des recettes de boissons compliquées et pernicieuses, des martingales pour les joueurs, des recettes pour les photographes, ou le moyen de faire revivre les couleurs d'une tapisserie. Vous pouviez l'interroger sur n'importe quel objet : s'il n'était pas muni pour vous la rendre sur-le-champ, vous auriez bientôt la réponse désirée. Ainsi lancé par quelqu'un ou par une lecture sur une piste à laquelle il n'avait point encore songé, ses recherches et ses musardises l'aiguillaient vers une autre ; d'où, je le présume, tant de plans d'ouvrages abandonnés par lassitude et envie d'en commencer d'autres. Et, à vingt ans, l'aventure tragique d'un succès à la fois littéraire et populaire, éclatant comme un coup de maître : le chef-d'œuvre attendu, facile à lire, reposant après les essais ésotériques de la jeune école, jugés précieux et rebutants par le public mondain que mordait le snobisme de l'art et des lettres. Enfin se révélait, par *Aphrodite*, un romancier tout jeune, sur le rare talent duquel lettrés, demi-lettrés et ignorants pouvaient tomber d'accord. Reconstitution historique, archéologique, procédés du plus minutieux réalisme à la Flaubert, orientalisme renouvelé de Théophile Gautier, et très moderne ; avec cela, un peu de scandale — on disait « pornographie » — mais pleine de vénusté ; rien, dans Aphrodite, qui ne rendît cet ouvrage sympathique à ceux-là mêmes qui ne l'avouaient pas tout haut.

Après bien des détours, Pierre Louys prit un appartement derrière l'Opéra-Comique, ou sa générosité pour ses amis s'attestait de toutes façons, quand il nous y recevait. Un spécialiste américain du cocktail y dressait un bar. Sur des tables de Gallée (très goûté alors), il répandait les cigarettes précieuses, des cigares. Il achetait des objets parfois très chers et sans valeur artistique, mais tentants pour des camarades moins prodigues, ou pauvres, comme Debussy, que nous observâmes grillant d'envie, tourner, semaine après semaine autour de certain grès émaillé, de Delaherche je crois. Claude, le préféré de Louys, finit par obtenir ce bibelot ; mais que n'obtenait-il pas de notre hôte ? Claude était fort peu cultivé, presque illettré. Louys dirigea ses lectures avec amour, fit de son élève l'étonnant délicat au jugement si sûr qu'il devint ensuite. L'influence de Pierre Louys, personne n'aurait pu s'y soustraire. Dès le matin, j'aspirais au moment où, avant dîner, je sonnerais à sa porte. Il vous accueillait avec sa charmante politesse cérémonieuse. Il possédait un petit musée secret, (d'un genre que l'on devine,) et sa bibliothèque « spéciale » formait une partie fort recherchée par d'aucuns, d'une collection de livres sans cesse accrue jusqu'à la veille de sa mort. Des cartons de dessins, de gravures, de photographies furent mis à sac par des emprunteurs, quoiqu'il en fût très jaloux. Il vous contait sa dernière découverte avec gravité, avec la même exactitude qui caractérisait toute sa vaste information — ses propos n'étant pas ce qu'on appelle « éblouissants », mais ceux d'un professeur... Un mannequin de femme simulant au mieux une Belle en chair et en os, était couché sur un sofa aux draperies algériennes...

Mais passons dans son cabinet de travail. C'est là que dix ou douze privilégiés entendirent Claude Debussy jouer sur un harmonium, murmurer de sa voix sans timbre, si étrange, les scènes toutes fraîches écrites de *Pelléas*. Un phénomène cosmique se produisait au cœur de Paris ; du Ciel, tombait sur la terre de France, là, devant quelques auditeurs sidérés, un astre, dont la chûte rendait des sons qui semblaient venir d'un autre monde. Nous ne connaissions rien encore de Moussorgski — dont Claude me parla, bien plus tard. Ce garçon, matériel, indifférent, s'il ne s'agissait de bonnes adresses où se procurer du caviar, des plats fins dont il était furieusement gourmand, cet être inquiet et indolent qui se disait prêt à « attraper » les éditeurs de musique — et que Louys aidait de toutes façons à sortir de la gêne, ce « Prix de Rome révolté, » ressemblant à un « modèle italien » pour tableau d'histoire, le même, dès que ses doigts, maladroits à toute autre fin, effleuraient le clavier, l'harmonium de catéchisme se métamorphosait en un instrument surnaturel. Nous oubliions Wagner ! éclipsé, notre cher Gabriel Fauré ! Que l'on songe à ce que fut à notre oreille, en plein symbolisme, la combinaison des balbutiements de Maeterlinck et des sonorités mystérieuses dont les soutenait Claude Debussy... Henri de Régnier, Viélé-Griffin, Tinan, André Lebey, Paul Robert, pressaient Claude de continuer cet ouvrage en train, si lent à sortir de l'état d'esquisse ; nous ne verrions pas le *Pelléas* de tous nos rêves, avant dix ans, réalisé sur la scène de cet Opéra-Comique en reconstruction après l'incendie. Cet affreux théâtre se relevait alors en face de la maison de Pierre Louys, pendant que Claude rénovait le drame lyrique.

En sortant de la rue Grétry, Claude choisissait en les tâtant — ce qui révoltait la vendeuse — quelque bonne croustade, une tarte de la pâtisserie Favart. Louys, Tinan, l'emmenaient dîner ; et toute la nuit, ces noctambules allaient de bar en brasserie. Debussy détestait le théâtre ; la mode était déjà aux cirques et aux acrobates, aux danseuses ; Degas était un oracle dont Toulouse-Lautrec, Forain, Paul Robert divulguaient les « mots », et c'étaient les mots d'ordre d'une nouvelle esthétique. Classique, Pierre Louys aura tout compris et aimé de ce que l'on appelle aujourd'hui le « modernisme ». Son cas est singulier. Il semble que, par orgueil, il ait voulu situer son œuvre en dehors, ou au-dessus de son temps.

LE GIBIER DIVIN

Plutarque Sylla 55

Gibier divin.

Un soir, deux éclaireurs envoyés par Sulla
Dans le val le plus noir des monts Acrocéraunes
Débusquèrent de l'herbe entre deux buissons d'aulnes
Un satyre affolé qui s'était blotti là

Il voulut fuir, grimper, bondir : on l'accula
En guerre chez les dieux, Rome traquait les faunes
On traîna celui-ci devant les aigles jaunes
Et le vieux conquérant lui-même lui parla

Il demanda son nom, sa nocturne origine,
s'il était bien de ceux que le pâtre imagine
sous les flots verts des bois ?... Le captif immortel

Répondit. Mais sa voix que nul ne put comprendre
Faisait gémir l'airain suspendu sur l'autel
Et son grand corps plein d'ombre était couleur de cendre

Pierre Louÿs.—

...Et advolvit lapidem ad ostium sepulchri.

PAR FRANZ TOUSSAINT

ORSQUE s'éteignait, en Perse, un des brasiers que vénéraient les adorateurs du Feu, il était interdit aux poètes de composer les moindres vers sur ce malheur indicible.

Une lumière, que nous vénérions aussi, s'est éteinte. Pierre Louys n'est plus. Ces mots suffisent. Ajouter autre chose serait vain.

Le 7 juin, à onze heures du matin, j'étais *seul* près de son cercueil. Je ne pouvais croire qu'il était là, sous ces roses, pareil aux autres morts, pareil à ce que sera, un jour, cette fruitière, sa voisine, qui venait de répondre à un badaud : « Celui qu'on va enterrer ? Je ne sais pas. Ça doit être un étudiant de la haute... Un de ses copains, en béret, a apporté une grande couronne, et il y a un type des pompes funèbres qui fait signer sur un livre. » Voilà quelle était la célébrité de notre plus grand écrivain. Huit jours auparavant, la fruitière n'ignorait certainement pas que la France avait perdu un de ses notoires comédiens, M. Lucien Guitry.

Depuis quinze ans, je n'avais pas franchi la porte de cette demeure où Pierre Louys m'appela dans une circonstance émouvante. J'écoutais ce silence qui continuait entre nous, là, dans cette chambre obscure, ce silence d'éternité. D'autres raconteront qu'ils ont entendu gémir Bilitis et Chrysis... Je n'étais pas si lucide. La pensée inerte, je regardais la grande croix blanche qui rappelait aussi son calvaire. Je regardais ces roses dont je ne sentais pas le parfum. Un inconnu entra, et se mit à examiner les livres en désordre sur la cheminée. Son pas de chacal me réveilla. Je descendis. Dans le petit jardin, un reporter faisait des calembours avec un photographe étendu sur une chaise longue, qui était celle de Pierre Louys.

On a trouvé, ou l'on trouvera, derrière un rayon de sa bibliothèque, un sachet de cuir qu'un chef targui me donna, jadis, à Tombouctou. Cet étui barbare contient un peu de sable du Sahara et un papier vert sur lequel

Louys m'avait demandé de transcrire une brève poésie, intitulée *La Sagesse,* dont l'amertume et la résignation l'obsédaient douloureusement. Deux mois après, il m'écrivait, de Tamaris : « J'ai souvent regardé le petit trophée soudanais, mais je ne l'ai pas ouvert. L'ombre violette d'une femme est si fragile sur le sable, et notre climat est si meurtrier pour les ombres ! N'ayant pas de coffre assez épais, j'ai caché « l'ombre violette » derrière un Aristote qui épouvantera, je l'espère, le Temps déplorable. »

Nous avions beaucoup parlé de la mort. Soudain, il me demanda s'il était exact que le premier conquérant arabe, Okba, le fondateur de Kairouan, faisait enterrer ses guerriers debout, le visage tourné vers l'Occident convoité.

— El Bekri et Ibn Khaldoûn l'affirment.

Il se leva. Dans son extraordinaire bibliothèque, il avait une rarissime édition de l'œuvre d'Ibn Khaldoûn. Le texte en question s'y trouvait. Je vois encore Louys prononçant, les yeux clos :

— Debout, le visage vers l'Occident... Autrefois, j'ai failli mourir en Egypte. J'avais pensé à ma sépulture. Dans le désert, un petit tertre de sable, et une pierre creuse, pour les oiseaux altérés, quand il aurait plu. Mais, le visage vers l'Orient, vers tout l'Orient...

Le cimetière Montparnasse !

Pierre Louys, je n'étais point parmi les quelque vingt personnes qui vous ont accompagné jusque là. Quand je pleure, je me cache.

Ariane vous avait déjà dit : « Le pays que tu vas hanter est indécis, crépusculaire, incolore, léger. L'air est pour toujours immobile. La clarté est mystérieuse comme un jour d'hiver ou une nuit d'été. Les bourgeons n'éclosent jamais. Les corolles ne tombent plus. Il n'y a pas d'oiseaux dans les branches, et le bruit de six milliards d'âmes est un silence inexprimable. Tu n'auras plus d'yeux : pourquoi verrais-tu ? Tu n'auras plus de mains : à quoi bon toucher ? Tu n'auras plus de lèvres, tu seras délivré du baiser. Mais, l'ombre de la réalité subsistera autour de toi. La survie est un rêve sans joie et sans chagrin. Sans désir et sans jouissance, tu ne connaîtras plus la douleur. »

Le plus pur silence...

PAR THIERRY SANDRE

E jeudi soir 4 juin, vers 10 heures, je trouvai sous ma porte, en rentrant chez moi, un billet fiévreux d'André Lebey :

— « Pierre est mort à midi. On l'enterre samedi. Allez vite le voir. »

Une sueur me prit. Depuis trois ans, nous savions que Pierre Louys mourait. Nous étions tous préparés à apprendre que tout était fini. N'importe. Nous aimions trop cet homme étonnant, — n'est-ce pas André Lebey ? n'est-ce pas Claude Farrère ? n'est-ce pas, Fernand

Gregh ? — pour que la stupeur que la mort plaque aux épaules ne nous tînt pas fichés sur place à l'annonce de celle-là.

— « Allez vite le voir », me disait André Lebey.

Mais je ne voulais voir que lui et je ne voulais pas être vu. Aussi décidai-je d'attendre jusqu'au petit jour. Je pensais bien qu'à cette heure personne près du cadavre ne veillerait. Je ne me trompais pas.

Quelle tristesse ! Dans la grande chambre du premier étage de la Maison du Hameau Boulainvilliers, sur son grand lit qui n'était fait que d'un sommier et d'un matelas, Pierre Louys était couché entre deux gerbes de fleurs, les mains jointes sur un crucifix. Sa tête, sa chère tête où tant d'idées avaient mené leurs jeux prodigieux, comme elle était belle ! Si vous avez regardé le dessin de Pierre Louys sur son lit de mort qu'a publié *Comœdia*, oubliez-le, vous ne pourriez pas vous représenter la splendeur sereine de cette tête incomparable, soumise enfin au repos.

Seule, une garde veillait dans la pénombre que Pierre Louys préférait. Trois fauteuils vides étaient alignés au pied du lit. Jamais cette chambre ne m'avait paru si grande. Je m'en fus comme j'étais entré, ainsi qu'un voleur.

Cette solitude autour de ce mort, je devais m'y attendre, et m'attendre à des obsèques modestes. Pierre Louys vivant avait fui tout ce qui pouvait ressembler à de la réclame, Pierre Louys vivant s'était peu à peu retiré du reste du monde. Une espèce de mystère enveloppait ses dernières années. Beaucoup de gens, qui admiraient ses livres, le croyaient déjà mort parce qu'il n'occupait point les étalages des libraires avec des livres nouveaux. D'autres le croyaient très vieux, parce que sa renommée était très ancienne, et ils ne savaient pas que Pierre Louys avait connu la gloire à vingt-six ans. D'autres, prenant des airs fins, colportaient des bruits de pure invention qui créaient une légende. Et Pierre Louys dédaignait. Au milieu de sa bibliothèque, il continuait de travailler.

Il avait fait évidemment tout ce qu'il pouvait faire pour être méconnu. Il se dérobait aux photographes, aux journalistes, aux flatteurs. Il n'aimait pas à se montrer. Dans sa *Poétique,* il avait décrété :

« *Ecrivez à l'écart. Signez. Rentrez dans l'ombre. Le Verbe seul est illustre. Fermez vous-même à la gloire la porte de votre maison. Silence autour de l'homme. Solitude. Fierté.* »

Derrière le corbillard, dans ce maigre cortège qui, par un éclatant dimanche de soleil, suivit de Passy à Montparnasse le cercueil de Pierre Louys, Fernand Gregh cherchait à reconstituer la dernière strophe de l'*Apogée.* Et il récitait, lentement :

Rappelez-vous qu'un soir, couchés sur notre couche,
En caressant nos doigts frémissants de s'unir,
Nous avons échangé de la bouche à la bouche
La perle impérissable où dort le Souvenir.

C'est le poème important de la vie du poète, celui qu'illustre le roman de *Psyché.* Et Pierre Louys n'a pas achevé *Psyché.* Pendant vingt-cinq ans, ses amis ont vainement attendu qu'il l'achevât. Quiconque a connu de près cet homme qu'on croyait hardi et qui était d'une extrême réserve, sait qu'il n'aurait jamais livré *Psyché,* vivant, au public.

Derrière le modeste corbillard de Pierre

Louys, je me rappelais avec quel enthousiasme il m'avait plus d'une fois décrit les funérailles magnifiques de Victor Hugo, la veillée sous l'Arc de Triomphe de l'Etoile, les torches, le peuple assemblé. Et je me rappelais ce qu'il m'avait dit de la mort de Stéphane Mallarmé et de José-Maria de Heredia. Et je voyais comment il était mort lui-même, comment il s'en allait vers le cimetière Montparnasse. Et je me rappelais le sonnet qu'il avait adressé à Mallarmé pour le jour de ses cinquante ans :

Cinquante heures de nuit préparatoire, ô Maître,
Demain s'éblouiront d'aurore, et nous saurons
A l'ombre magistrale errante sur nos fronts
Qu'on a vu sourdre l'or et la lumière naître.

Eux aussi vont jurer que pas un ne fut traître
Au doigt qui désignait l'aube rouge des troncs.
Le jour croît. Vous verrez tous les mauvais larrons,
Qui fuyaient de vous suivre au désert, reparaître !

Ils donneront à qui méprisa leur troupeau
La gloire qu'ils rêvaient de pourpre sur leur peau
Et les lauriers d'argent piqués aux fers de lance ;

Mais nous n'entendrons pas ces voix soûles de bruit,
Car nous aurons coupé pour le plus pur silence
Sous vos pieds créateurs les roses de la nuit.

Les roses de la nuit. Le plus pur silence. Ces vers sont de 1892. Pierre Louys avait alors vingt-deux ans. Avant même d'avoir connu cette gloire que les autres rêvaient de pourpre sur leur peau, pressentait-il qu'il lui préférerait le plus pur silence et que, devenu presque totalement aveugle, il serait voué aux seules roses de la nuit ? La divination des poètes est troublante. Comment ne nous arrêterions-nous pas aujourd'hui sur les signes étranges qui dénonçaient sitôt le destin d'un poète ? Car il faut qu'on le sache : jamais Pierre Louys n'a cherché le succès qui le combla, en quelque sorte, malgré lui. Le succès le surprit, le mit en garde, le rendit méfiant. Il comprit que trop de lecteurs ne demandaient à son roman que ce qu'il n'y avait introduit que d'accessoire. Il sentit que la vérité leur échappait. N'ayant ni l'âme turbulente d'un révolutionnaire, ni la bassesse d'un courtisan, il s'émut. *Aphrodite, la Femme et le Pantin, les Chansons de Bilitis, les Aventures du roi Pausole,* ces quatre livres, qui se complètent, s'enchaînent et forment un tout, avaient surgi coup sur coup en piles hautes chez les libraires. L'auteur triomphant soudain s'arrêta. Paul Valéry a rendu témoignage du tourment de Pierre Louys. Mais ne confondons pas. Pierre Louys ne regrettait rien. Ses scrupules étaient différents. Il pouvait se plaindre d'être mal compris ; c'est le sort de la plupart des œuvres littéraires de n'être pas comprises tout de suite ; mais il ne se reprochait rien. Seulement, il avait arrêté là son œuvre, — œuvre de jeunesse, ne l'oublions pas non plus, malgré sa perfection. A l'heure de sa maturité, il rêvait d'un nouveau livre auquel il s'attacha sans retard : *Psyché*, la fameuse *Psyché* dont le titre seul marque l'intention nouvelle, *Psyché*, l'œuvre de sa vie et de son sang.

Il m'a souvent dit :

— « On fait d'abord des vers. Ensuite on fait des romans. On fait enfin de l'histoire. »

A trente ans, Pierre Louys s'était tourné vers l'histoire. Accumulant les livres autour de lui dans sa petite maison du Hameau Boulainvilliers, il ne sortit presque plus de sa bibliothèque. Ses recherches portaient sur tous les sujets et sur toutes les époques. Esprit véritablement encyclopédique, il se passionnait pour n'importe qui et n'importe quoi. Pendant de nombreuses années, l'*Intermédiaire des Chercheurs et des Curieux* n'eut pas de collaborateur plus fécond. L'étude possède ses fidèles. Joignez cependant que Pierre Louys, dès la trentième année, était gêné par un emphysème sérieux, et qu'en 1911 il devint aveugle. On put lui sauver un œil, mais il usait de loupes pour lire. Ainsi desservi, il parvint néanmoins à entasser dans ses tiroirs des essais de critique ou des documents dont il n'avait a peu près rien fait connaître quand il mourut. Le jour où l'on connaîtra tout, plus d'un s'étonnera : un Pierre Louys nouveau, qui peut éclipser l'autre aux yeux de certains, se trouvera révélé. L'autre avait terminé son œuvre, ou peu s'en faut, à trente ans.

Derrière le corbillard de cet homme qui avait enrichi l'intelligence de tous ceux dont il consentit à se laisser approcher, derrière le cercueil de ce poète qui avait enchanté toute une époque, je me redisais un beau poème funèbre :

Celui-ci, qui ne fut ni prêtre ni guerrier,
Ne voulut sur sa tombe où verdit la verveine
Ni la palme d'airain ni l'auréole vaine.
Passant, ne pleure pas, et va-t'en sans prier.

Tant d'hommes ont péri d'avoir cherché leurs joies!
Ombres qu'ensevelit le manteau de l'ennui,
Combien suivent le long des plaines de la nuit
Inconsolablement leurs solitaires voies !

Réserve la pitié que tu sens tressaillir
A ceux dont l'ombre meurt comme la chair est morte.
Entre dans leur tombeau. Rouvre la sombre porte
Et jette-leur les fleurs qu'ils n'ont pas su cueillir.

Mais, près de celui-ci qui sous la pierre close
Dort ainsi qu'Eros nu sur le lit de Psyché,
Un vol de trois amours est pour toujours penché
Comme une seule, et jeune, et rouge, et lourde rose.

Il connut les secrets de la main dans la main,
La ferveur de la bouche et la voix des prunelles.
Il fut celui pour qui les belles sont plus belles.
Son cœur nous brûle encor, passant. Va ton chemin.

La Beauté lui fit croire à la douceur de vivre.
Le battement du sein palpitait dans ses vers,
Ses mots luisent vers nous comme des yeux ouverts,
Et l'odeur de la femme enchante encor son livre.

Ces vers, Pierre Louys les avait dédiés à la mémoire de Jean Second, poète d'amour, mort dans sa vingt-quatrième année. Ils peuvent servir d'épitaphe au poète d'amour que fut Pierre Louys, mort dans sa cinquante-quatrième année, si l'on se tient aux indications des calendriers, mais véritablement mort, pour la poésie et pour le public, dans sa trentième année, dans sa pleine jeunesse, en 1900.

SUR JOSÉ-MARIA DE HEREDIA

Sur J. M. de Heredia

Le collège de Senlis eut naguère pour interne un jeune latiniste brun qui partageait son ascendance par trois quarts de sang français et un quart de sang espagnol.

José Maria de Heredia signait ses livres classiques du nom

Joseph de Heredia. Plus tard et pour jamais il dédia son oeuvre à la mémoire chérie de sa mère française. Selon sa dernière volonté, il repose maintenant au sommet de Bonsecours en la tombe la plus haute que l'on ait dressée devant la cité de Corneille.

Heredia était né poète épique. Il avait reçu les dons les plus rares, et surtout les plus rarement réunis : la force et la délicatesse, la phrase violente et le détail exact, l'aisance à varier le style et à changer le vocabulaire — Qualités homériques. — Mais Heredia vit paraître, à dix-sept ans, la Légende des Siècles, qui le [illegible]

[illegible] qu'il méconnut toujours sa propre valeur, condamna ses fragments épiques et se restreignit au sonnet parce que Hugo ne s'y révélait pas.

Il conçut un recueil de sonnets qui devait se composer de trois cents poëmes ou davantage mais lorsqu'il passa l'âge de cinquante ans la plupart des quatorzains qu'il avait commencé d'écrire restaient inachevés. Trop de jeunes poètes l'avaient choisi pour maître et il était trop bon maître. Il s'oublia pour les instruire. Le jour où parurent les *Trophées*, les deux tiers du recueil demeurèrent inédits. L'oeuvre de Heredia comptait moins de sonnets, peut-être que d'élèves [illegible]

Son génie ne cessa de grandir jusqu'à la fin. Agé de soixante deux ans, et comme il vivait sa dernière année, il écrivit la page la plus jeune, la plus vigoureuse de son oeuvre, *l'Enlèvement d'Antiope* et presque en même temps, cette *Vision d'Ajax*, où, mourant, il salue à la beauté de la Mort et la regarde fixement. Pierre Louÿs –

Quand il parlait de ses livres...

PAR EMILE HENRIOT

IL y a quelques années, nous nous trouvions chez Pierre Louys. Nous l'étions allé voir pour lui demander ses projets, si sa retraite était définitive, s'il ne reviendrait plus aux lettres. L'auteur d'*Aphrodite* était déjà malade, à demi aveugle, obligé pour lire de placer la page imprimée dans un certain angle, tout près de son œil, et, nonobstant l'épaisse loupe dont il s'aidait, se servant plus de sa mémoire que de la vue pour retrouver le passage cherché. « On tend à me représenter comme un paresseux, nous disait-il : *lentus in umbra*. Rien de plus faux... Je ne cesse pas de travailler, je ne sors point, je ne vois personne. J'emploie tout mon temps à écrire : j'écris quarante-huit heures par jour... » Cependant, il ne publiait rien, tenant que c'était déjà trop que d'avoir imprimé ses premiers ouvrages à cent exemplaires, laissant dormir dans ses cartons ses vers admirables, si peu connus, et ce roman de *Psyché*, annoncé depuis vingt ans, auquel il ne manque, dit-on, que la dernière page... On espère que rien ne sera perdu de ces précieux manuscrits, accumulés en plusieurs caisses, 420 kilos d'inédits, au dire de l'auteur lui-même. Mais, détournant notre curiosité de ce sujet, il nous avait alors entraîné dans sa prodigieuse bibliothèque, de laquelle il ne bougeait plus, et nous avait montré ses livres, dernier objet de sa curiosité passionnée. La bibliographie seule intéressait ce lumineux esprit, et les questions d'histoire littéraire qui s'y rattachent. Son plaisir était de se promener à travers les poètes, les maîtres classiques, d'en rapprocher les textes, de les éclairer l'un par l'autre, d'en tirer, au gré d'une divination particulière, des leçons nouvelles... Nous avions noté, au moment même, deux exemples assez pénétrants de ces travaux si amusants pour tous les vrais amis des livres : Louys nous avait demandé de ne point faire état de ces trouvailles, il se réservait de les mettre lui-même au jour, en quelque moment de loisir. Peut-être l'a-t-il fait, et retrouvera-t-on dans ses papiers, parmi d'autres, ces utiles indications ? La mort du charmant écrivain nous relève aujourd'hui de notre parole, et c'est l'écho d'une conversation dont nous avons gardé intact le souvenir que nous voudrions essayer de consigner ici.

La première de ces petites découvertes a trait à Ronsard, dont Pierre Louys avait le culte. Avec une allégresse enthousiaste, il était allé chercher un vieux volume dans un coin secret de sa bibliothèque, et, d'une main tremblante d'amour, il nous l'avait mis sous les yeux. C'était une édition ancienne du poète grec Nicandre, les *Nicandri Theriaca et Alexipharmaca,* publiés, il nous semble bien, par le médecin Jean de Gorris, en 1549. Cet exemplaire avait appartenu à Ronsard, dont on voyait la signature (avec un *t*) sur le titre ; et le poète des *Amours* d'Hélène et de Cassandre avait même annoté de sa main ce volume en plusieurs endroits. Pierre Louys nous fit lire une de ces notes marginales. En regard du mot *phalaina* souligné à l'encre dans le texte, Ronsard a écrit, en marge, ces mots qui nous avaient frappé : « Phalène, sorte de papillons qui veulent se brûler à la chandelle... » L'auteur des *Chansons de Bilitis,* après nous avoir fait examiner ce passage, s'écria alors : « Eh bien, Ronsard était dans son cabinet, ce Nicandre ouvert à cette page devant lui, quand son ami Remy Belleau vint lui rendre visite. Ronsard fit part de sa lecture à son ami. Comment ne pas voir cette scène, et douter que cet incident, minuscule en soi, et ce bavardage de deux poètes sur un mot grec qui les avait amusés, ne soient pas l'origine exacte du gracieux poème de Belleau, le *Papillon,* publié à la suite de sa traduction d'Anacréon en 1556, lequel *Papillon* est dédié précisément à Ronsard ? » Et Louys, ouvrant son Belleau, nous lisait la strophe charmante où le poète s'adresse au papillon de sa rêverie et dirige son vol vers Ronsard, en son cabinet d'étude :

Va-t-en, mignon, à mon Ronsard,
Que j'aime mieux que la lumière...

Tu le trouveras dessus Nicandre,
Sur Callimache ou sur la cendre
D'Anacréon, etc...

Louys était charmé de cette découverte. Sans doute, il ne s'en exagérait pas l'importance ; mais il était heureux d'avoir rendu vivante, de la sorte, une page de vers oubliés. Et à nous aussi, en dussions-nous passer pour bien futile, nous avouons que cette anecdote avait fait plaisir.

L'autre rapprochement de textes est aussi curieux. Celui-là a trait à Hugo et à l'amour de sa jeunesse pour Chénier. Pierre Louys, qui admirait et possédait à fond les deux poètes, nous avait d'abord fait relire l'admirable pièce, écrite en 1872 par Hugo sur la mort de Théophile Gautier, où figurent les vers célèbres :

Oh ! quel farouche bruit font dans le crépuscule
Les chênes qu'on abat pour le bûcher d'Hercule !

Du doigt, Louys nous avait désigné le passage où Hugo, rappelant les glorieux combats du jeune romantisme, associait ainsi Gautier à ses triomphes personnels :

Et l'on t'a vu pousser d'illustres cris de joie
Quand le drame a saisi Paris comme une proie,
Quand l'antique hiver fut chassé par Floréal,
Quand l'astre inattendu du moderne idéal
Est venu tout à coup dans le ciel qui s'embrase
Luire, — et quand l'Hippogriffe a relayé Pégase !

Quand nous fûmes parvenu à ce dernier vers, Pierre Louys ferma le livre et répéta l'alexandrin, en marquant fortement la césure au premier pied ; ce vers devant se dénombrer ainsi : un + onze.

« Ecoutez maintenant, nous dit-il, et dites si ce vers extraordinaire, d'une coupe hardie à ce point, vous n'en avez pas entendu une fois déjà la musique finale, également à la péroraison d'un long couplet lyrique, comme dans ce fragment d'Hugo. Ecoutez, et rappelez-vous :

Lorsque le fils d'Egée, invincible, sanglant,
L'aperçoit ; à l'autel prend un chêne brûlant ;
Sur sa croupe indomptée, avec un cri terrible,
S'élance ; va saisir sa chevelure horrible,
L'entraîne, et quand sa bouche ouverte avec effort
Crie, — il y plonge ensemble et la flamme et la mort !

« Même mouvement de la strophe, même rejet final, même coupe un + onze, et la césure au premier pied !... Ceci, vous l'avez retrouvé, c'est de Chénier, dans son *Aveugle*... Pour moi, il n'y a aucun doute. Lorsque Hugo a écrit son vers : *Luire — et quand l'Hippogriffe*... il est absolument sûr qu'un rythme analogue chantait dans sa mémoire, le rythme du vers de Chénier : *Crie, — il y plonge ensemble*... Pourquoi ? C'est fort simple. Gautier mort, Hugo a dû accepter de donner à Lemerre un poème pour le *Tombeau de Théophile Gautier*. Au début, la besogne, par son caractère officiel, l'a visiblement ennuyé. Puis l'émotion est venue, et, à sa chaleur, l'image du Gautier de 1830 a mis en branle l'appareil du souvenir : Hugo a revu d'un regard *Hernani*, le gilet rouge, l'enthousiasme de ses premiers fidèles, sa propre jeunesse et son ardeur à lui dans ses débuts. Or, les débuts d'Hugo, l'enthousiasme de ses vingt ans, c'est Chénier. Gautier a suscité dans l'esprit d'Hugo septuagénaire le déclenchement de ce mécanisme, qui aboutit, par sa mémoire prodigieusement fidèle au rythme, à cet appel d'un rythme unique, dont il a autrefois — cinquante-trois ans auparavant — été frappé, et qui pour lui est resté lié au souvenir de sa jeunesse. Sa pensée s'est coulée d'elle-même dans ce moule... »

De ces sortes d'explications du mystérieux travail poétique, Pierre Louys avait, on se le rappelle, entrepris d'appliquer le principe à un vaste ouvrage sur Corneille, où il devait réduire à rien Molière. Nous savons que l'auteur du *Roi Pausole* s'était montré vivement irrité et affecté de l'ironie dubitative qui avait accueilli ce projet, et ses admirateurs n'ont peut-être pas oublié une longue lettre de Louys parue dans le *Temps* sur ce thème. Nous retrouvons dans nos papiers ce court billet, que nous avions alors reçu de lui et qui peut faire voir à quel point le nouvel exégète avait pris ce travail à cœur. En attendant qu'il soit permis de publier les nombreuses notes de Pierre Louys sur Corneille, ces quelques lignes donneront bien le ton de son ardente conviction :

« Vous rappelez-vous en quels termes et à quel propos Renan a dit qu'on se faisait tuer pour des causes dont on n'était pas bien sûr ? Je ne me ferai pas tuer pour *Amphitryon*. Je suis tout à fait sûr que Corneille à écrit : *Ce moi qui le seul moi veut être.* Personne, que Pierre Corneille, n'eût trouvé : *Qui de votre manteau veut la faveur obscure ;* ni ce hérissement d'*r* et de consonnes doubles : *Et sous tes propres traits vers Jupiter paraître.* Six *r*, dont cinq sont doublés des consonnes les plus fortes : le *p* et le *t*. Il faudrait ne rien entendre à l'orchestration de Corneille pour croire que cette ligne de Bach fût, au besoin, de Rossini. *Amphitryon* est un sujet de Corneille, traitê par Corneille en 1636, repris en 1650, refait et terminé avec des ajoutis de Molière en 1667. Et ce n'est pas tout. Je vous dirai le reste demain, puisque vous voulez bien venir me voir à ce sujet. Croyez que j'ai pris quelques années de réflexion avant de soulever une telle question. »

Ce grand faune endormi...

PAR MAURICE MARTIN DU GARD

EPUIS l'heure où j'eus la triste fortune d'annoncer à Gabriele d'Annunzio la nouvelle de la mort de Pierre Louys, il ne fut parlé que de Louys dans la villa de Gardone. « Il était de ma race mentale », me jeta le Latin magnifique. Et qu'il est juste en effet, de nouer ces deux noms pleins de musique qui sonnent le ralliement autour de la Renaissance et de quelques secrets. La belle rhétorique que la vie de ces deux êtres et pourtant comme ils

ont accordé, au moment qu'il fallait, de la tendresse austère aux mystères les plus hauts! Un pareil enivrement devant les civilisations exubérantes, les mots justes et rares du langage savant, les possède, et le même goût de la retraite, du silence et de la nuit.

Dans la salle que l'an dernier traversa Paul Valéry, il y a quelques jours d'Annunzio se faisait jouer le quatuor à cordes de Claude Debussy : c'est un commun amour pour Debussy qui avait d'abord rapproché Louys et d'Annunzio ; André Doderet doit encore se souvenir du sourire de Louys quand à ce dernier il apporta le « Portrait de Loyse Baccaris » traduit par lui et qu'il cita la phrase où il est parlé de « Bilitis ». Un amour commun pour Debussy, pour « Claude de France », un amour commun pour les livres anciens, aussi, mais ne serait-ce que cela ? Ce n'est point non par tant de livres où Psyché s'exalte, où la beauté de la femme force les pages et s'y veut honorée, ce n'est point non plus par les livres de plaisir, de volupté qu'ils sont, l'un et l'autre, si grands.

Je ne sais si *Aphrodite* ou les *Chansons de Bilitis* enchanteront longtemps la mémoire ou le sommeil énervé des hommes ; est-ce l'instant pour nous d'en discuter ? Ce qui commande l'hommage que je veux apporter à Louys, c'est un sentiment de respect devant l'exemple qu'il donna. Quelle réserve dans les gestes, quel détachement des vanités, par plus d'un signe, quelle grandeur ! Et tout mêlé encore à la jeunesse qui se déchaîne et se compromet par son dédain de ce qu'elle devrait savoir, je regrette d'être le seul de mon âge à saluer tel artiste si amoureux de l'art et de sa propre perfection. L'honneur de vivre et d'écrire, Pierre Louys en sculpte un marbre merveilleux, hélas inefficace sur une place bourdonnante du cris des camelots.

Pierre Louys à la faveur de la légèreté du divertissement qu'offrait une Aphrodite, comme il lui était commode de plaire à la foule et d'abuser de cette complaisance ; mais la foule connaît-elle seulement son visage ? Son hérédité et ses façons, d'abord, de grand bourgeois, ses alliances, fussent-elles passagères, et tout ce qu'elles pouvaient lui permettre, tant de facilités officielles, que leur a-t-il préféré ? De la troupe, il se retira de bonne heure, et, rejetant les tumultes du monde, comme l'enseigne l'*Imitation* qui fut son secours préféré et dont il possèdait les éditions les plus rares, « il apprit les choses cachées ». Et de cette retraite qu'il s'imposa sans effort, que nous reste-t-il, quel précieux bénéfice devons-nous retirer à notre tour ? Mais la poésie ! Des vers dépouillés de ces influences parnassiennes, si fréquentes chez les rimeurs de la génération de Louys, quelques poèmes écrits dans une langue magnifique et discrète qui rendent un tremblement inimitable, le son même de l'esprit, la *Poétique* où les mystères de la connaissance poétique sont offerts à ses prédestinés et qui vaudra sans doute à Pierre Louys l'assentiment de toute une génération de mystiques dont le règne se dénonce ; enfin, *le Journal d'un Poète,* qui est riche de deux volumes où les méditations personnelles et les jugements critiques sur les hommes et sur les œuvres exciteront l'intérêt le plus vif.

Et Gabriele d'Annunzio, tout chargé d'armes et de pierreries, il faut le voir également qui se défait de tant de provocantes parures, avant de s'abandonner à de pures méditations. Il est semblable à son ami sur qui tombait dimanche un soleil ardent. Mais pour accompagner Louys dans la plus longue promenade qu'il ait sans doute jamais faite, de Passy à Montparnasse, il n'y avait point de ces gens qui jetèrent à France un adieu de mascarade et l'on entendit pas d'autre musique que celle qu'il commençait lentement à déchaîner en nous, ce grand faune endormi.

De lourdes lueurs Asiatiques...

KH. NIZAM EL MOULK

'AIMAIS beaucoup Pierre Louys. J'allais souvent le voir dans ce paisible coin d'Auteuil où il habitait. J'ai assisté à ses funérailles.

Les Lettres françaises sont en deuil

Quand nous étions ensemble, nous parlions surtout de l'Orient. Il était très épris d'hellénisme, mais il savait que sa supériorité sur tous les écrivains consistait dans le mélange d'hellénisme et d'orientalisme qu'il avait créé et dosé. Sa pensée orientale, bien que grecque, s'est plongée, enivrée, dans les grands courants mystiques et sensuels qui ont leurs sources en Asie. Dans *Aphrodite*, il y a un « bric-à-brac » helléno-romain, selon le mot de Charles Maurras, mais il y a aussi un gouffre débordant de fleurs, de fruits, de parfums, ébloui d'oiseaux, et où bouillonne une orgie brûlante. *La Femme et le Pantin* est un livre puissant. Dans sa pénombre tragique flamboient de lourdes lueurs asiatiques.

Avec une douceur et une adresse surprenantes, Pierre Louys a exhumé et ranimé les deux corps radieux de la Grèce de Phidias et de la Grèce de la décadence. Sa mythologie est asiatique par sa grâce triomphante et son parfum d'aurore. Dans son œuvre impérissable, l'Orient indien, arabe, persan, ondule et s'éploie, épuré par le génie français.

Le grand rêve immobile de l'Asie a dominé l'hellénisme et nous domine plus que jamais. *Sur l'Océan des âges, aucun astre n'a flamboyé avec plus d'éclat que le soleil du Megadouthâ*, a écrit Franz Toussaint.

INDEX

INDEX

FAC-SIMILE

LE " TOMBEAU DE PIERRE LOUYS " a été élevé par la piété de A. DE MONZIE, représentant le Gouvernement de la République Française, PAUL VALERY, CLAUDE FARRÈRE, ANDRÉ LEBEY, FERNAND GREGH, JACQUES-EMILE BLANCHE, FRANZ TOUSSAINT, THIERRY SANDRE, EMILE HENRIOT, MAURICE MARTIN DU GARD, KH. NIZAM EL MOULK, ANDRÉE et HENRI-JEAN SIKORSKI ; GUSTAVE-LOUIS TAUTAIN en recueillit et collationna les textes ; HENRI PEIGNÉ établit les maquettes et dirigea les travaux ; le maître imprimeur OMNÈS 75, rue Rochechouart, à Paris, prêta ses presses, sur lesquelles furent tirés sous couverture Nabab des papeteries Louis Muller et fils :

Quinze exemplaires sur Japon impérial numérotés de un à quinze ;

Cinquante exemplaires sur papier de Hollande à la Cuve des papeteries Van Gelder Zoonen, numérotés de seize à soixante-cinq ;

Cent cinquante exemplaires sur vélin pur fil des papeteries Navarre-Lafuma, numérotés de soixante-six à deux cent quinze ;

Douze cents exemplaires sur vélin or Turner des papeteries Jules Breton et Cie, numérotés de deux cent seize à quatorze cent quinze ;

Et deux cent vingt exemplaires sur différents papiers marqués H. C. et destinés aux amis de Pierre Louys.

Cette œuvre, entreprise par les EDITIONS DU MONDE MODERNE, a été publiée à l'enseigne de leur maison, sise boulevard Raspail numéro 42, le quinze Octobre mil neuf cent vingt cinq.

EXEMPLAIRE JUSTIFIE :

H. C.

www.ingramcontent.com/pod-product-compliance
Ingram Content Group UK Ltd.
Pitfield, Milton Keynes, MK11 3LW, UK
UKHW021153260726
13994UKWH00001B/433

9 782329 382005